Katharina Rotter

Das mach ich selbst
für meine Katze

velber
kinderbuch

Inhalt

Lieber Katzenfreund,

deine Katze bringt viel Spaß in dein Leben. Sie spielt und kuschelt gerne mit dir, und wenn du traurig bist, tröstet sie dich. Schon die alten Ägypter waren begeistert von Katzen, diesen eigenständigen und wunderschönen Raubtieren. Sie zähmten vor etwa 9.000 Jahren die Falbkatze – eine Wildkatze, von der unsere Hauskatze wahrscheinlich abstammt. Und bis heute lieben wir die Katze für ihr einzigartiges Wesen. Um allen zu zeigen, dass auch du zu den echten Katzenfans gehörst, findest du am Anfang dieses Buches drei besondere Bastelideen. Damit ihr beste Freunde werden könnt und sich deine Katze bei dir wohlfühlt, gibt es aber auch einiges zu beachten: Jede Katze möchte zweimal am Tag gefüttert werden und braucht immer ein sauberes Katzenklo. Ein Stubentiger braucht Beschäftigung und Abwechslung, eine Freigängerkatze will regelmäßig nach draußen.

In diesem Buch findest du viele Ideen, was du für deine Katze und dich selbst machen kannst, damit ihr gemeinsam viel Freude habt. Du kannst Ruheplätze einrichten, Spielzeuge basteln und tolle Knabbereien backen. Außerdem erfährst du viel Spannendes über deinen Lieblingstier – so hat Langeweile bei euch keine Chance!

Ich wünsche dir viel Spaß beim Basteln und Werken rund um die Katze!

Deine Katharina

Lieblingsshirt mit bunter Katze

Katzen sind sehr elegante Tiere und sie bewegen sich anmutig. Hast du ein Foto, auf dem deine Katze besonders schön aussieht? Mache daraus eine Schablone für ein tolles Katzen-T-Shirt – so erkennt jeder, dass du ein Katzenfan bist. Damit lässt sich übrigens auch prima ein kleiner Fleck überdecken!

Du brauchst:
- Foto von deiner Katze
- Klebefolie (ca. 10 x 15 cm)
- T-Shirt in deiner Größe und Lieblingsfarbe
- Stoffmalfarbe für dunkle Stoffe
- spitze Schere
- wasserfesten Filzstift
- Stück Karton
- Borstenpinsel

Falls du kein passendes Foto findest, schnapp dir eine Kamera und fotografiere deine Katze. Du kannst auch Ausschnitte aus Zeitschriften nehmen. Ein neues T-Shirt musst du vor dem Bemalen waschen.

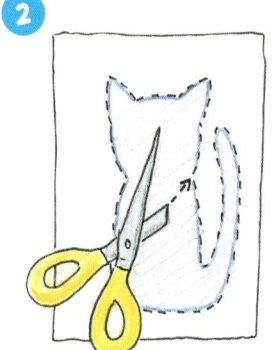

1. Schneide den Umriss der Katze aus dem Foto aus. Lege die Katzenform auf die Klebefolie und zeichne den Umriss mit dem Filzstift nach.

2. Schneide die Katzenform vorsichtig aus der Folie heraus. Achtung: Du darfst dabei den Rand nicht beschädigen oder durch ihn hindurchschneiden, denn er wird deine Schablone.

3. Schiebe das Stück Karton in das T-Shirt. Es verhindert, dass die Farbe auf die Rückseite durchdrückt. Streiche den Stoff glatt und klebe die Folienschablone an die Stelle, an der du den Katzenaufdruck möchtest. Achte darauf, dass die Schnittkanten besonders fest kleben.

4. Tupfe die Stoffmalfarbe mit dem Pinsel auf die freie Fläche. Farbe für dunkle Stoffe ist etwas dickflüssiger und zieht weniger in den Stoff ein. So läuft die Farbe nicht unter die Schablone und die Katzenform wird sehr genau. Lasse die Farbe trocknen und trage danach eine weitere Schicht auf.

5. Wenn die Farbe gut getrocknet ist, kannst du die Schablone abziehen. Lasse das Shirt noch mindestens drei Tage an der Luft trocknen, danach hält die Farbe auch in der Waschmaschine. Manche Farben werden erst durch Bügeln oder Ofentrocknen haltbar, das steht auf der Verpackung. Lasse dir dabei von einem Erwachsenen helfen.

Schon gewusst?

Die Sprache der Katzen

Katzen sprechen nicht nur mit der Stimme, sondern mit dem ganzen Körper. Deine Katze miaut zur Begrüßung oder wenn sie deine Aufmerksamkeit möchte. Wenn sie faucht, zeigt sie, dass sie erschrocken oder wütend ist. An der Körperhaltung kannst du ebenfalls erkennen, in welcher Stimmung deine Katze ist. Macht sie einen Buckel und sträubt dabei ihr Fell, fühlt sie sich bedroht. Sie benutzt sogar ihren Schwanz zum „Sprechen"! Ist er steil aufgestellt, ist sie hellwach und möchte vielleicht spielen. Bei schnellem Wedeln mit dem Schwanz und angelegten Ohren

ist Vorsicht geboten – deine Katze ist gerade schlecht gelaunt und könnte kratzen. Liegt deine Katze auf dem Rücken und hat ihre Beine von sich gestreckt, ist sie total entspannt. Beobachte deinen Liebling genau, du wirst ihn bald gut verstehen.

Magischer Bilderrahmen

Mehrere dieser Bilderrahmen sind ein toller Hingucker an deiner Zimmerwand. Klebe witzige Fotos von dir und deinen Freunden hinein. Fast wie durch Zauberei verwandelt ihr euch in eine fröhliche Katzenbande!

Du brauchst:

- lustiges Foto von dir (das Gesicht sollte möglichst groß abgebildet sein)
- Stück Karton
- bunte Stoffreste
- Schere
- Lineal
- Bleistift
- Zirkel
- Bastelkleber
- Bilderöse zum Aufkleben

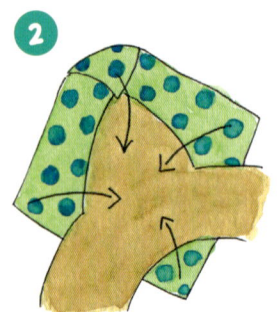

1. Schneide dein Gesicht aus dem Foto aus. Zeichne einen Kreis auf den Karton, etwa 1 cm kleiner als das ausgeschnittene Gesicht. Zeichne einen etwa 3 cm breiten Rahmen um diesen Kreis. Du kannst den Zirkel zu Hilfe nehmen oder frei Hand zeichnen. Male zuletzt zwei spitze Katzenohren an den Rahmen. Schneide zuerst den Kreis in der Mitte und danach den äußeren Rahmen aus.

2. Schneide aus dem Stoff zwei Quadrate aus, ihre Seiten sollen etwas länger sein als die Katzenohren. Klebe sie von vorne auf die Ohren. Falte den überstehenden Stoff auf die Rückseite und klebe ihn dort fest.

3. Reiße aus dem restlichen Stoff mehrere ca. 3 cm breite Streifen. Klebe den ersten Streifen auf der Rückseite des Rahmens fest und wickle ihn mehrmals herum. Wenn er aufgebraucht ist, klebst du sein Ende und den Anfang des nächsten Streifens auf der Rückseite fest. Wickle so lange Stoff um den Rahmen, bis er ganz bedeckt ist.

4. Befeuchte die Klebefläche der Bilderöse mit etwas Wasser und klebe sie auf der Rückseite des Rahmens zwischen den Ohren fest. Klebe darüber noch ein Stückchen Stoff, das etwas größer als die Klebefläche der Bilderöse ist.

5. Streiche etwas Klebstoff auf den Rand des Fotos, klebe es von hinten in den Rahmen – und bastle gleich die nächsten Rahmen für Fotos von deinen Freunden!

Probier's aus!

Eine magische Verwandlung

Im selbst gebastelten Bilderrahmen siehst du dein Gesicht, wie es als Katze aussähe. In deiner Fantasie kannst du noch tiefer in die Welt der Katzen eintauchen. Stelle dir vor, du hast eine magische Kapuze mit flauschigen Katzenohren. Wenn du sie aufsetzt, verwandelst du dich in eine Katze. Gehe auf allen vieren und bewege dich katzenhaft. Klettere und balanciere oder mache Jagd auf eine Maus. Schnurre, wenn du dich wohlfühlst, und fauche, wenn dich etwas

stört. Oder putze dir das Fell mit deiner Zunge – ganz wie eine echte Katze. Nun erlebst du die spannendsten Abenteuer: Mit Katze Luna bringst du zwei Fischdiebe hinter Gitter. Und mit einem schlauen Trick rettest du den Knochen von Oskar, dem sabbernden Nachbarhund. Bestimmt fallen dir viele spannende oder lustige Geschichten ein! Wenn du Lust hast, schreibe sie auf und gib sie einem anderen Katzenfreund zu lesen.

Künstleralbum für Katzenfotos

Viele berühmte Künstler sind Katzenliebhaber, zum Beispiel Franz Marc, Pablo Picasso, Joan Miró, Andy Warhol und Rosina Wachtmeister. Versuche auch du dich als Künstler und verziere dein persönliches Fotoalbum mit einer selbst gemalten Katze.

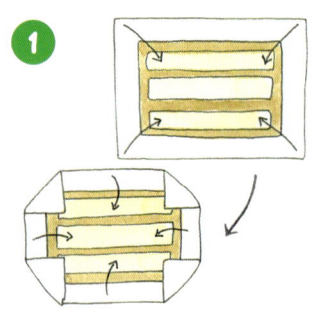

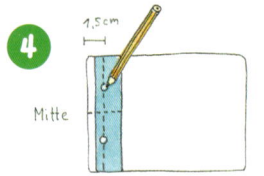

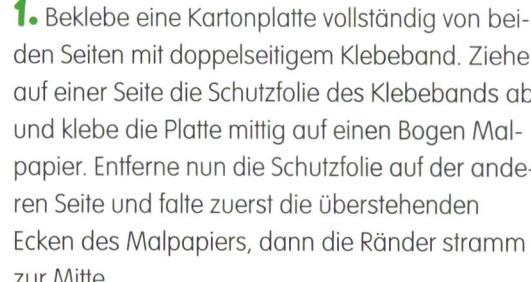

Du brauchst:

- 2 Stücke Karton (16 x 22 cm)
- doppelseitiges Klebeband
- 2 Bogen festes DIN-A4-Malpapier
- 2 Stücke Tonpapier (13 x 19 cm)
- gemustertes Klebeband
- Rest Tonpapier (16 x 4 cm)
- 8 Lochverstärker (aus dem Schreibwarenladen)
- ca. 20 Bogen festes DIN-A5-Papier (weiß und farbig)
- dickes Lederband (ca. 30 cm lang)
- Schere
- Lineal, Bleistift
- Locher, Lochzange
- Farben und Pinsel oder Farbstifte

1. Beklebe eine Kartonplatte vollständig von beiden Seiten mit doppelseitigem Klebeband. Ziehe auf einer Seite die Schutzfolie des Klebebands ab und klebe die Platte mittig auf einen Bogen Malpapier. Entferne nun die Schutzfolie auf der anderen Seite und falte zuerst die überstehenden Ecken des Malpapiers, dann die Ränder stramm zur Mitte.

2. In der Mitte ist Klebeband übrig, klebe dort das Tonpapier auf. Befestige die Ränder mit dem gemusterten Klebeband. Wiederhole alles mit der zweiten Kartonplatte.

3. Falte den Rest Tonpapier zur Hälfte und falte ihn wieder auf. Loche den Tonpapierstreifen mit dem Faltstreifen als Mittellinie. Das ist deine Lochschablone.

4. Markiere auf den beiden Kartonplatten 1,5 cm vom Rand entfernt die Mitte der kurzen Seite. Lege an diese Markierung die Mitte der Lochschablone und zeichne die Löcher an. Stanze die Löcher mit der Lochzange aus und klebe die Lochverstärker darüber.

5. Zeichne nun deine Katze mit Bleistift auf eine Platte. Welcher Stil der Künstler gefällt dir? Die poppigen Bilder von Andy Warhol, die angedeuteten Formen von Joan Miró oder die verträumten Katzen von Rosina Wachtmeister? Vielleicht möchtest du auch in deinem ganz eigenen Stil malen. Male deine Zeichnung aus, du kannst Wasser- oder Acrylfarben, Buntstifte oder Wachsmalkreide benutzen. Jeder Künstler hat da eigene Vorlieben. Bemale die zweite Platte mit einem Muster oder einfarbig.

6. Loche die DIN-A5-Papierbogen in der Mitte der kurzen Seite. Lege sie zwischen die bemalten Platten. Halbiere das Lederband und fädle eine Hälfte durch die oberen Löcher und eine durch die unteren Löcher. Verknote die Enden der Bänder so, dass du die Seiten des Albums gut auf- und zuklappen kannst.

LUCY

Lucy liebt
KATZENMINZE

Schon gewusst?

WIR

Meine Katze Lucy

Die Sinne der Katze

Sehen, hören, fühlen – die Sinne der Katze sind viel schärfer als die der Menschen. Katzen haben unglaublich gute Augen. Besonders in der Dämmerung sehen sie besser als Menschen und andere Tiere. Ist dir schon mal die besondere Pupillenform deiner Katze aufgefallen? Im Hellen sind es schmale Schlitze, in der Dunkelheit sind sie groß und rund. So können sie auch bei sehr wenig Licht noch richtig gut sehen. Das ist wichtig, wenn die Haustiger im Dunkeln auf die Jagd gehen. Auch hören kann deine Katze besser als du. Sie nimmt selbst leiseste Geräusche wahr, die für das menschliche Ohr längst nicht mehr zu hören sind. Hervorragend ist auch ihr Tastsinn. Die Schnurrhaare an der Oberlippe warnen deine Katze vor Hindernissen. Mach doch für dein Fotoalbum Nahaufnahmen von den Augen, Ohren und Schnurrhaaren deiner Katze!

Ruhe und Entspannung

Wie viel Schlaf braucht eine Katze?

Katzen ruhen sich etwa 16 Stunden am Tag aus, ganz junge und alte Katzen brauchen sogar noch mehr Ruhe. Aber sie schlafen nicht die ganze Zeit. Meistens dösen die Stubentiger nur und bekommen dabei mit, was um sie herum passiert. Wenn deine Katze im Schlaf mit den Beinen zuckt, ihre geschlossenen Augen und die Schnurrhaare sich bewegen, dann träumt sie wahrscheinlich. Störe deine Katze nicht, wenn sie schläft.
Viele Katzen schlafen gerne im Bett ihres Menschenfreundes. Erlauben deine Eltern keine Katze im Bett, muss deine Zimmertür geschlossen bleiben. Sonst hüpft dein Liebling in einem unbeobachteten Moment doch hinein.

Wo ruht sich deine Katze gerne aus?

Was deine Katze für ihr Wohlbefinden braucht, hängt vor allem davon ab, ob sie eine Wohnungskatze ist oder ob sie nach draußen darf. Katzen, die mehrere Stunden am Tag im Freien verbringen, haben viel Abwechslung. Sie können zwischen vielen angenehmen Ruheplätzen wählen: getarnt zwischen dichten Sträuchern, auf warmen Steinen in der Sonne oder hoch oben auf dem Schuppendach. Lebt deine Katze nur im Haus, musst du ihr viele verschiedene Plätze anbieten – besonders in unterschiedlichen Höhen. Katzen klettern gerne und lieben höher gelegene Ruheplätze. Über einen Platz auf dem Kleiderschrank oder ein leeres Fach im Bücherregal freut sich dein Liebling bestimmt. Decken und Kissen, eine gemütliche Höhle und ein Platz am Fenster machen das Katzenglück perfekt!

Wieso putzt sich deine Katze so häufig?

Katzen sind sehr reinliche Tiere. Mit ihrer rauen Zunge lecken sie sich mehrmals am Tag gründlich sauber – besonders ausgiebig nach dem Schlafen und Fressen. Durch das Putzen regen sie die Talgdrüsen in der Haut an. Diese produzieren Fett, das die Katze beim Putzen im Fell verteilt. Dadurch wird es schön glänzend und auch Wasser abweisend. So ist dein Liebling hervorragend gegen Kälte und Nässe geschützt.

Da Katzen so saubere Tiere sind, brauchen sie im Haus unbedingt ein Katzenklo, in dem sie ihr Geschäft verrichten können. Diese Kunststoffwannen werden mit spezieller Katzenstreu gefüllt, die täglich sauber gemacht werden muss. Mit einer Streuschaufel nimmst du die verklumpte Streu und die Haufen heraus. Etwa ein Mal in der Woche muss die ganze Streu erneuert werden. Dann sollte auch die Wanne mit heißem Wasser und etwas Spülmittel abgewaschen werden. Hast du zwei Katzen, braucht jede ihr eigenes „stilles Örtchen".

Kunterbunt bedruckte Kuschelkissen

Katzen haben viele verschiedene Plätze, an denen sie sich gerne ausruhen. Bedrucke deiner Katze mit selbst gemachten Stempeln ein paar kuschelige Kissen für ihre Lieblingsplätze.

Du brauchst:
- Moosgummi (ca. 20 x 30 cm)
- Holzklötzchen (Anzahl und Größe passend zu deinen Stempeln)
- Kissenhüllen aus Baumwollstoff (40 x 40 cm, vorgewaschen)
- Kissenfüllungen (40 x 40 cm)
- Stoffmalfarben für dunkle Stoffe (Weiß und in deinen Lieblingsfarben)
- Bleistift
- Zirkel
- Schere
- Alleskleber
- Stück Karton (ca. 40 x 40 cm)
- Pinsel

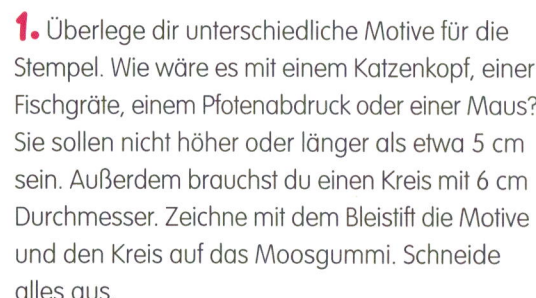

1. Überlege dir unterschiedliche Motive für die Stempel. Wie wäre es mit einem Katzenkopf, einer Fischgräte, einem Pfotenabdruck oder einer Maus? Sie sollen nicht höher oder länger als etwa 5 cm sein. Außerdem brauchst du einen Kreis mit 6 cm Durchmesser. Zeichne mit dem Bleistift die Motive und den Kreis auf das Moosgummi. Schneide alles aus.

2. Klebe die Motive mit Alleskleber auf die Holzklötzchen. Achte darauf, dass die Holzklötzchen etwas größer als die Moosgummiteile sind. Lasse den Klebstoff einige Stunden trocknen.

3. Schiebe das Stück Karton in die Kissenhülle, so drückt die Farbe nicht auf die Kissenrückseite durch. Gib mit dem Pinsel etwas weiße Farbe auf den Kreisstempel. Stemple mehrere weiße Kreise auf den Stoff und lasse die Farbe trocknen.

4. Stemple nun mit bunter Farbe Motive auf die Kreise. Die Motive dürfen auch über den Rand reichen. Falls ein Stempel mal nicht genug Farbe abgibt, kannst du den Abdruck mit dem Pinsel und etwas Farbe ausmalen.

5. Lasse die Farbe drei Tage trocknen, damit deine Kunstwerke auch die Wäsche überstehen. Andere Stoffmalfarben müssen von der Rückseite gebügelt oder im Backofen erwärmt werden. Schaue auf der Packung der Farbe, wie das geht, und lasse dir von einem Erwachsenen helfen.

Die Holzklötzchen kannst du mit einem Fuchsschwanz aus einem 2 cm dicken Weichholzbrett aussägen. Sie sollen jeweils so groß sein, dass der Moosgummistempel gerade daraufpasst.

Schon gewusst?

Warum Schnurren Katzen?

Bestimmt hast du deine Katze schon oft schnurren gehört, zum Beispiel wenn sie sich auf dem Kuschelkissen ausruht oder wenn du sie kraulst und mit ihr kuschelst. Schnurren ist ein gleichmäßiges brummendes Geräusch, das die Katze beim Ein- und Ausatmen erzeugt. Katzen können schon schnurren, wenn sie auf die Welt kommen. Sie schnurren oft, wenn sie

sich besonders wohlfühlen. Allerdings schnurren sie manchmal auch, wenn sie Stress haben. Experten gehen davon aus, dass sich die Haustiger damit selbst beruhigen.

15

Der Ausguck

Oben vom Ausguck aus hat deine Katze alles im Blick. Wenn sie ihre Ruhe haben möchte, kann sie sich in ihre Höhle zurückziehen. Das stabile Holzgestell kann außerdem für andere Projekte genutzt werden: für die Hängematte (Seite 18/19) und das Kratzbrett (Seite 24/25).

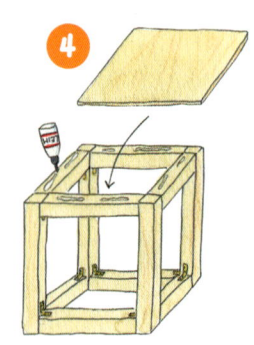

Das Holzgestell

Du brauchst:
- 4 Kanthölzer aus Weichholz (z. B. Fichte, 5 x 5 x 60 cm)
- 8 Kanthölzer aus Weichholz (z. B. Fichte, 5 x 5 x 50 cm)
- 16 Lochwinkel (mit je vier Löchern)
- 64 Holzschrauben (etwa 2,5 cm lang)
- Holzplatte (60 x 60 cm, 1 cm dick)
- Vorstecher und Schraubendreher
- Holzleim, Schraubzwingen

1. Lege zwei lange und zwei kurze Kanthölzer zu einem Rechteck zusammen.

2. Bitte einen Helfer, zwei über Eck liegende Kanthölzer festzuhalten. Lege einen Winkel zwischen den beiden Hölzern an. Mit dem Bleistift markierst du durch die Löcher am Winkel die Stellen für die Schrauben. Entferne den Winkel und stich mit dem Vorstecher ein Loch in die markierten Stellen. Schraube den Winkel mit vier Schrauben fest.

3. Befestige so alle vier Ecken des Rechtecks mit Winkeln. Baue danach auf die gleiche Art einen zweiten rechteckigen Rahmen. Verbinde die beiden Rahmen mit den übrigen kurzen Kanthölzern, Winkeln und Schrauben.

4. Leime die Holzplatte auf das Gestell. Befestige sie mit Schraubzwingen, bis der Leim getrocknet ist.

Die Höhle

Du brauchst:
- Karton (groß genug für deine Katze)
- Stück Karton mit gleicher Grundfläche
- Kissen
- Bleistift und Cutter
- Papierklebeband und Holzleim
- Acrylfarben und Pinsel
- doppelseitiges Klebeband

1. Zeichne an einer Seite des Kartons ein Loch (Durchmesser ca. 25 cm) an. Schneide es vorsichtig mit dem Cutter aus. Bewege das Messer dabei immer von deinem Körper weg, damit du dich nicht schneidest.

2. Klebe den Karton an der Oberseite mit Papierklebeband zu. Leime das Stück Karton darauf, damit das Dach stabiler wird.

3. Bemale die Höhle ganz nach deinem Geschmack. Lasse sie gut trocknen und klebe sie mit dem doppelseitigen Klebeband auf dem Ausguck fest. Lege ein gemütliches Kissen hinein.

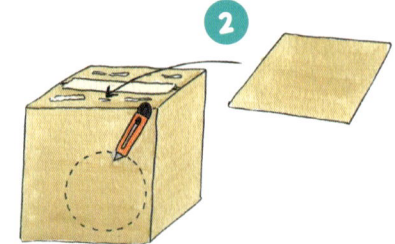

Lasse dir beim Bauen des Gestells von einem Freund helfen. Falls du nicht selbst werken möchtest, kannst du ein altes Kinder-tischchen aus Holz nutzen (Größe etwa 50 x 50 x 50 cm). Klebe die Höhle dann einfach auf den Tisch. Du kannst sie auch ganz ohne Gestell auf den Boden stellen.

Probier's aus!

So wird dein Kätzchen stubenrein

Nach einer Schlummerpause auf ihrem Ausguck muss deine Katze bestimmt zum Katzenklo. Katzen sind sehr saubere Tiere, darum werden sie leicht stubenrein. Schon die Katzen-mutter zeigt ihren Kleinen, dass sie ihr Geschäft im Katzen-klo verrichten und dort verscharren sollen. Junge Katzen müssen meist nach dem Schlafen, Fressen und Spielen. Trage dein Kätzchen in diesen Momenten zum Katzenklo, setze es in die Streu und warte ab. Bestimmt macht es bald hinein. Sollte es doch mal in die Wohnung machen, schimpfe nicht mit ihm. Sicher lernt dein Kätzchen schon bald, wo das Katzenklo ist.

Hängematte zum Relaxen

Viele Katzen mögen Schlafplätze mit einem schützenden Dach über der Liegefläche. Sie legen sich zum Beispiel gerne auf einen Stuhl, der unter den Esstisch geschoben wurde. Die gemütliche Hängematte kannst du in das Gestell vom Ausguck (Seite 16/17) oder unter ein altes Kindertischchen aus Holz hängen.

Du brauchst:
- **Stoff, der nicht ausfranst (z.B. Fleece, 50 x 100 cm)**
- **Sisalseil (ca. 2,50 m)**
- **Stecknadeln**
- **Nähmaschine**
- **Nähgarn**
- **Schere**
- **Hammer**
- **Stickgarn und Sticknadel**
- **4 Schraubhaken**

1. Falte den Stoff zu einem Quadrat, sodass das Muster innen liegt. Stecke die offene Seite gegenüber der Falte mit Stecknadeln zusammen.

2. Nähe diese Seite etwa 1 cm vom Rand entfernt mit dem geraden Stich der Nähmaschine zusammen. Nähe am Anfang und am Ende mit der Rückwärtstaste der Maschine ein paar Stiche vor und zurück, so gehen die Nähte nicht mehr auf. Schneide die Fadenenden ab.

3. Wende den Stoff auf die rechte Seite, sodass das Muster außen ist. Nähe an den beiden geschlossenen Seiten etwa 1,5 cm vom Rand entfernt wieder eine gerade Naht. So entstehen zwei Tunnel.

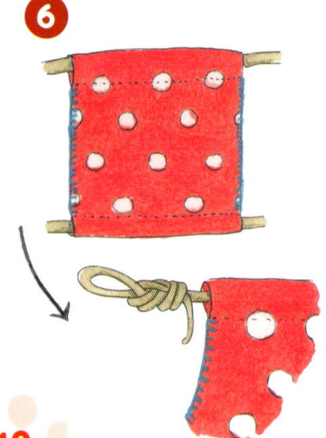

4. Schneide etwa 30 cm Stickgarn ab, verknote ein Ende und fädle es in die Sticknadel. Sticke die Ränder der offenen Seiten wie in der Zeichnung mit dem Schlingstich zusammen. Und so geht er: Stich am Anfang von vorne durch den Stoff. Führe die Nadel dann noch einmal von vorne durch das gleiche Loch, ziehe den Faden aber noch nicht stramm. Führe die Nadel von rechts nach links durch die entstandene Schlaufe und ziehe den Faden fest. Stich etwas rechts neben dem ersten Loch wieder von vorne durch den Stoff. Ziehe den Faden nicht stramm, sondern führe die Nadel von rechts nach links durch die Schlaufe. Ziehe den Faden fest.

5. Nähe im Schlingstich weiter, bis der Faden fast zu Ende ist. Verknote das Ende nah am Stoff mit einem neuen Stück Stickgarn und sticke weiter. Nähe am Ende der Seite einige Male hin und her, damit der Faden nicht aus dem Stoff rutscht. Schneide das Fadenende ab.

6. Teile das Seil in zwei gleich lange Stücke und fädle sie durch die Tunnel. Verknote die vier Enden zu Schlaufen. Schraube die Schraubhaken etwa in mittlerer Höhe des Gestells an. Das geht bei weichem Holz ganz leicht ohne Werkzeug. Hänge die Hängematte mit den Schlaufen daran auf. Beobachte nun, wie deine Katze ihren neuen Schlafplatz erobert.

Du hast keine Nähmaschine? Kein Problem, die Hängematte kannst du auch mit kleinen Stichen mit der Hand nähen. Ein Seil bekommst du im Baumarkt.

Probier's aus!

Yoga wie die Katze

Hast du schon mal beobachtet, was deine Katze macht, wenn sie länger gelegen hat? Sie streckt sich, dehnt ihren Rücken und macht einen Buckel dabei. Darum heißt diese Übung im Yoga „Katze". Wenn du lange an den Hausaufgaben gesessen hast, ist sie richtig gut für deinen Rücken! Gehe in den Vierfüßlerstand: Die Hände sind unter den Schultern, die Knie unter der Hüfte und die Füße zeigen nach hinten. Atme aus und senke den Kopf zwischen die Schultern. Mache dabei einen Katzenbuckel. Hebe beim Einatmen den Kopf wieder an und mache mit dem Rücken ein leichtes Hohlkreuz. Wiederhole beide Bewegungen mehrere Male – schon ist dein Rücken wieder entspannt und beweglich!

Kuscheldecke für die Fensterbank

Alle Katzen lieben es, auf der Fensterbank zu sitzen und zu beobachten, was draußen passiert. Du kannst deinem Stubentiger ganz leicht eine kuschelige Decke basteln, die nicht von der glatten Fensterbank rutscht. Wenn du Lust hast, kannst du sogar den Namen deiner Katze aufnähen.

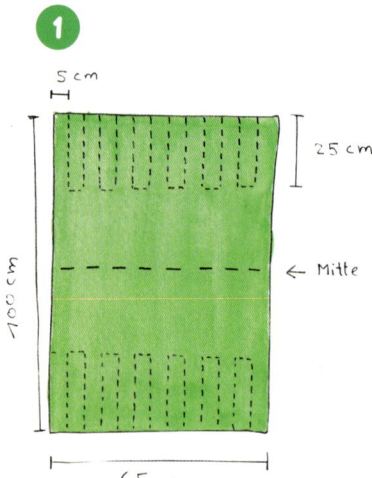

Du brauchst:
- Fleecestoff (100 x 65 cm)
- bunte Fleecereste
- Stickgarn
- Maßband
- weichen Bleistift
- Sicherheitsnadeln
- Schere
- Stickgarn
- spitze Sticknadel

1. Zeichne mit dem Bleistift an den kürzeren Seiten des Stoffs sieben 5 cm breite und 25 cm lange Streifen an. Lasse zwischen den Streifen immer 5 cm Platz. Schneide die Zwischenräume mit der Schere heraus.

2. Zeichne Buchstaben auf die Fleecereste und schneide sie aus. Hefte sie mit den Sicherheitsnadeln auf einer Hälfte der Decke fest.

3. Schneide etwa 30 cm Stickgarn ab, verknote das Ende und fädle den Faden in die Nadel ein. Stich von unten durch den Stoff und den Rand eines Buchstabens und ziehe den Faden bis zum Knoten. Stich direkt darüber ganz nah am Rand des Buchstabens in den Stoff ein und gleichzeitig von unten ein paar Millimeter links vom ersten Stich wieder nach oben. Umstiche die Ränder der Buchstaben mit diesem „Überwendlingstich".

4. Falte den Stoff in der Mitte zur Hälfte, sodass die Streifen aufeinanderliegen und der Name außen ist. Knote jeweils einen Streifen der Oberseite mit dem passenden Streifen der Unterseite zusammen.

5. Öffne nun das Fenster, lege die Decke auf die Fensterbank und lasse die Fransen heraushängen. Schließe das Fenster und klemme dabei die Fransen im Fensterrahmen fest.

Wie im Kino

Ein Platz auf der Fensterbank mit Blick nach draußen ist für die meisten Katzen unglaublich spannend. Flatternde Vögel, Wolken am Himmel und wehende Blätter – all das ist ein tolles Programm im Katzenkino. Stundenlang schauen die Stubentiger der Welt da draußen zu und beobachten alles, was sich bewegt.

Falls du keinen Platz auf der Fensterbank frei hast, stelle einen Kratzbaum in der Nähe auf. Vorsicht: Offene Fenster sind eine Gefahr für deine Mieze, besonders wenn sie gekippt sind! Beim Versuch, nach draußen zu gelangen, klemmen sich viele Katzen ein. Dabei oder beim Sprung aus großer Höhe nach draußen können sie sich sehr schwer verletzen!

Aktivität und Verhalten

Sind alle Katzen nachtaktiv?

Besonders in der Dämmerung und in der Dunkelheit werden Katzen munter. Mit ihren speziellen Augen können sie auch dann noch gut sehen, wenn wir Menschen es schon stockdunkel finden. Katzen sind perfekte Nachtjäger, da sie ihre Beute leicht erspähen, selbst aber von kaum einem anderen Tier gesehen werden.
Vor allem Freigänger sind dämmerungsaktiv. Viele Hauskatzen haben sich dagegen an den Tagesablauf ihrer Menschen gewöhnt. Sie schlafen nachts und stehen morgens mit ihren Besitzern auf.

Kann man Katzen erziehen?

Eine Katze hat ihren eigenen Kopf und tut nur das, wozu sie Lust hat. Möchte sie kuscheln, sucht sie die Nähe zu ihrem Menschen. Wurde sie genug gestreichelt, geht sie wieder. Profis schaffen es mit viel Geduld, Zuwendung und Wissen über die richtigen Trainingsmethoden dennoch, Katzen zu erziehen und ihnen Tricks beizubringen. Auch du kannst mit deinem Liebling ein wenig trainieren. Viele Katzen lieben Leckerli und lassen sich damit locken. Raschle mit der Leckerlipackung und zeige deiner Katze den Weg über Hindernisse oder im Slalom durch deine Beine. Belohne sie mit einem Leckerbissen und lobe sie. Dann macht ihr das Training auch beim nächsten Mal wieder Spaß! Du solltest aber nichts tun, was deiner Katze missfällt oder sie verärgert. Es könnte sein, dass sie sonst beleidigt ist und dich nicht beachtet. Im schlimmsten Fall pinkelt sie sogar in die Wohnung. Vertrage dich schnell wieder mit ihr!

Stubentiger oder Freigänger?

Es gibt einige Gründe, warum eine Katze nur im Haus gehalten wird: die Nähe einer viel befahrenen Straße, kein eigener Garten oder eine Wohnung in einem höheren Stockwerk zum Beispiel. Wenn auch deine Katze keine Möglichkeit hat, durch die Nachbarschaft zu tigern, kannst du ihr trotzdem ein abwechslungsreiches und glückliches Leben ermöglichen.

Das Beste für einen Stubentiger ist ein Katzenfreund. Die wenigsten Katzen sind gern allein, egal wie viel sich ihre Menschen mit ihnen beschäftigen. Dass Katzen Einzelgänger sind, ist nur ein Gerücht. Außerdem braucht eine Wohnungskatze Zugang zu möglichst allen Räumen, damit sie genügend Auslauf bekommt, viele Klettermöglichkeiten und abwechslungsreiche Spielangebote. Ein Freigänger findet dies alles draußen in der Natur. Du darfst deine Katze aber nur hinauslassen, wenn sie kastriert ist, damit es keinen ungewollten Nachwuchs gibt. Auch wenn Katzenbabys sehr niedlich sind – in den Tierheimen warten schon genug junge und ältere Katzen auf ein liebevolles Zuhause. Die kleine Operation übernimmt der Tierarzt, der deine Katze regelmäßig untersucht. Dort wird sie auch geimpft und bekommt ein Mittel gegen Würmer.

Kratzbrett für Stubentiger

Besonders Wohnungskatzen brauchen im Haus die Möglichkeit, ihre Krallen zu wetzen. Bevor deine Katze Tapeten und Teppiche zerkratzt, baue ihr ein Kratzbrett. Du kannst es am Gestell vom Ausguck (Seite 16/17) befestigen. Oder du bittest deine Eltern, es mit Schrauben und Dübeln an der Wand anzubringen.

Du brauchst:
- Sperrholzbrett (60 x 35 cm, 1 cm dick)
- Rest Sisalteppich (50 x 35 cm)
- doppelseitiges Klebeband
- ca. 50 Polsternägel
- Schleifpapier
- Acrylfarbe und Pinsel
- Holzleim
- Schere
- Hammer
- 4 Schraubzwingen

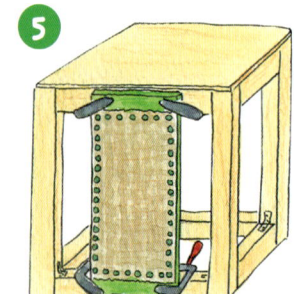

1. Schleife das Brett an den Kanten glatt. Bemale oben und unten an den kurzen Seiten einen etwa 6 cm breiten Streifen mit Acrylfarbe. Trage auch auf den Außenkanten Farbe auf. Lasse sie trocknen.

2. Streiche die Kanten des Teppichs dick mit Holzleim ein und reibe den Leim gut mit einem Pinsel in die Teppichfasern. So franst der Teppich nicht aus, wenn deine Katze daran kratzt. Lasse den Leim über Nacht trocknen.

3. Bringe auf der ganzen Rückseite des Teppichs doppelseitiges Klebeband an. Entferne die Schutzfolie des Klebebands und klebe den Teppich mittig auf das Brett.

4. Schlage mit dem Hammer am Rand des Teppichs etwa alle 4 cm einen Polsternagel durch Teppich und Brett.

5. Gib etwas Leim auf die kurzen Seiten an der Rückseite des Bretts. Befestige das Brett mit den Schraubzwingen am Gestell vom Ausguck (Seite 16/17). Lasse den Leim über Nacht trocknen. Entferne die Schraubzwingen und schon kann deine Katze kratzen.

Schon gewusst?

Warum wetzen Katzen ihre Krallen?

Ihre scharfen Krallen nutzt die Katze zum Jagen, Klettern und Kämpfen. Nur dafür werden sie ausgefahren. Wenn sie ihre Krallen nicht braucht, zieht deine Katze sie ein. Darum sieht man bei Katzenspuren nur die runden Abdrücke der Ballen. Die Krallen wachsen immer etwas weiter, genau wie unsere Fingernägel. Beim Laufen aber nutzen sich die eingezogenen Krallen nicht ab. Also muss die Katze ihre Krallen schärfen und abwetzen. Das macht sie in der Natur zum Beispiel an Bäumen. Dabei wird die alte Hornschicht von der Kralle abgestreift, unter der eine neue Kralle gewachsen ist. Hauskatzen, die wenig oder gar nicht nach draußen gehen, brauchen dafür spezielle Kratzbäume oder Kratzbretter.

25

Fast wie kleine Mäuse

Auf diese Rasselbällchen sind Katzen ganz wild. Kein Wunder, sehen sie doch fast aus wie kleine Mäuse – und sie rappeln und rasseln noch dazu. Auf der wilden Jagd verschwinden sie wie echte Mäuse auch schnell unter dem Sofa oder einem Schrank. Am besten filzt du gleich eine ganze Mäuseschar.

Du brauchst:
- 75 g Filzwolle im Vlies (pro Maus 5 g einer Farbe für den Schwanz und 10 g einer anderen Farbe für den Körper)
- 5 gelbe Plastikkapseln aus Schokoladeneiern
- Material zum Füllen (kleine Knöpfe, Perlen, Steinchen, eine Murmel, etwas Sand oder ein Glöckchen)
- 5 Esslöffel Schmierseife
- ½ Liter warmes Wasser
- Stück Noppenfolie als Filzunterlage (etwa 30 x 40 cm)

1. Mische die Schmierseife mit dem Wasser. Zupfe 5 g Wolle für den Schwanz zu einem Rechteck von 10 x 5 cm. Rolle es trocken zu einem festen Zipfel. Gib nun etwas Seifenlauge darauf und rolle ihn auf der Noppenfolie auf und ab, bis die Wollfasern fest zusammenhängen: Sie verfilzen. Achtung: Lasse dabei ein Ende ungefilzt.

2. Gib das Füllmaterial in das Plastikei. Verschließe es und schüttle es hin und her. Gefällt dir der Klang deiner Maus?

3. Stülpe die ungefilzte Seite des Zipfels wie auf der Zeichnung über das Ei. Umwickle es fest mit 10 g Wolle für den Körper.

4. Halte das umwickelte Ei in einer Hand und gib etwas Seifenlauge darauf. Streiche leicht mit der anderen Hand über die Wolle. Drehe das Ei immer ein wenig, sodass du alle Seiten vorsichtig anfilzen kannst. Gib dabei immer wieder etwas Seifenwasser auf die Wolle. Pass gut auf, dass die Wolle nicht verrutscht.

5. Wenn die Wollmaus etwas fester geworden ist und sich keine Wolle mehr löst, rolle sie stärker in deinen Händen, als würdest du aus Knete eine Kugel rollen. Hast du die Wolle ganz fest um die Kapsel gefilzt, wasche sie mehrmals in klarem Wasser aus. Wickle den Schwanz fest um deinen Finger, damit er sich kringelt. Lasse die Maus trocknen.

6. Filze auf diese Weise noch vier weitere Mäuse und fülle sie mit verschiedenen Dingen, damit sie unterschiedlich klingen. Das findet deine Katze spannend!

Schon gewusst?

Wie Katz und Maus

Katzen sind Jäger. In freier Natur kannst du Hauskatzen manchmal bei der Jagd auf Mäuse beobachten. Dieses Verhalten erlebt man auch bei Wohnungskatzen: Sie schleichen sich an Spielzeugmäuse an, packen sie und schleudern sie mit der Tatze weg, um sie sofort wieder einzufangen. Warum Katzen auf diese Art mit ihrer Beute spielen, wissen auch die Fachleute nicht genau. Man vermutet, dass sie einfach Spaß an diesem Spiel haben. Jede Katze – egal ob Freigänger oder Wohnungskatze – sollte ihren Jagdinstinkt ausleben können, damit sie zufrieden ist. Mit den Filzmäusen unterstützt du das natürliche Jagdverhalten deiner Katze und bereitest ihr eine große Freude.

Lustiges Spielhäuschen

Katzen lieben Höhlen: Sie flitzen hindurch oder angeln mit ihren Pfoten durch Löcher nach Spielzeug. Besonders junge Kätzchen werden mit deinem selbst gebauten Spielhäuschen großen Spaß haben.

Seite 1

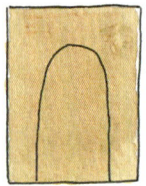

Seite 2

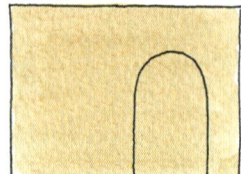

Seite 3

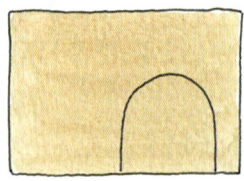

Seite 4

Du brauchst:
- 1 großen Karton mit Deckel (ca. 60 x 40 x 40 cm)
- Zollstock oder Maßband
- Bleistift
- Cutter
- Acrylfarben und Pinsel

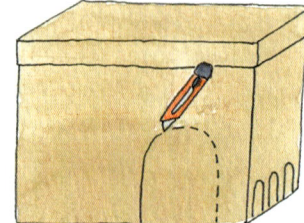

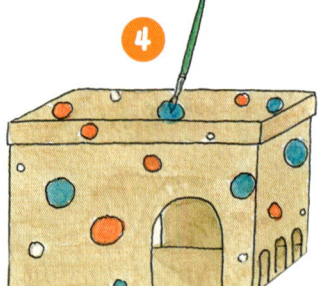

1. Miss die Schulterhöhe deiner Katze mit dem Zollstock oder Maßband.

2. Zeichne an drei Seiten des Kartons Eingänge an, durch die deine Katze hindurchpasst. Sie dürfen unterschiedlich hoch und breit sein. Vielleicht soll sie durch einen Eingang kriechen können, dann zeichne ihn etwas niedriger, als deine Katze groß ist. Zeichne an einer kurzen Seite drei kleine Löcher am Boden an, durch die die Pfoten deiner Katze locker hindurchpassen.

3. Schneide alle Eingänge und Löcher vorsichtig mit dem Cutter aus. Achte darauf, dass du das Messer von deinem Körper weg bewegst, so kannst du dich nicht schneiden.

4. Bemale das Spielhäuschen von außen ganz nach deinem Geschmack mit Acrylfarben. Lasse sie gut trocknen.

Und so funktioniert das Spielhäuschen:
Lege ein paar Leckerli in das Spielhaus, am besten in die Nähe der kleinen Löcher. Oder wirf das Lieblingsspielzeug hinein. Bestimmt kannst du deine Katze bald bei rasanten Spielen beobachten.

Probier's aus!

Mitbringsel für Stubentiger

Deine Wohnungskatze freut sich, wenn du ihr ab und zu Geschenke von draußen mitbringst. Eine große Schale mit Erde oder Sand, Zweige mit Blättern von ungiftigen Büschen oder Bäumen (gut eignen sich Buche, Birke, Kastanie und Haselnuss), ein Körbchen voll mit Kastanien, Eicheln oder raschelndem Herbstlaub – all diese Mitbringsel wirken prima gegen Langeweile. Dein Stubentiger wird alles mit Spannung untersuchen. Die unterschiedlichen und ganz unbekannten Gerüche sind für ihn richtig interessant und die Gegenstände aus der Natur laden zu neuen Spielen ein.

Krakenangel

Mit dieser lustigen Krakenangel kannst du deine Katze richtig gut beschäftigen. Ihr könnt ausgelassen miteinander spielen, ohne dass du gekratzt wirst.

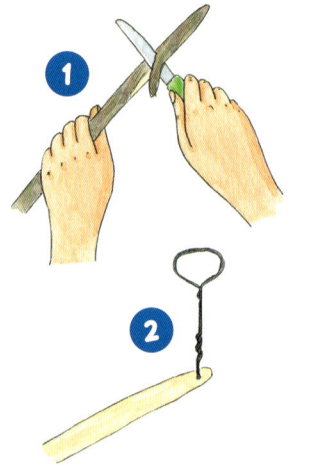

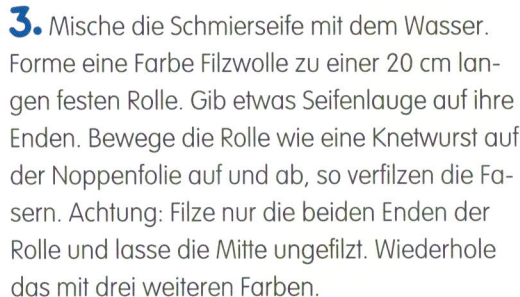

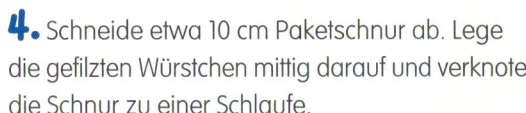

Du brauchst:

- Ast von Haselnuss oder Weide (etwa 1,5 cm dick und 50 cm lang)
- 10 g Filzwolle im Vlies in fünf Farben
- Paketschnur
- Taschenmesser und dünner Nagelbohrer
- weiches Tuch und Speiseöl
- 5 Esslöffel Schmierseife
- ½ Liter warmes Wasser
- Stück Noppenfolie (ca. 30 x 40 cm)
- Schere

1. Schäle mit dem Taschenmesser vorsichtig die Rinde vom Ast. Schnitze dabei immer vom Körper weg, damit du dich nicht schneidest.

2. Bohre mit dem Nagelbohrer an einem Ende des Asts ein kleines Loch. Lasse den Ast ein paar Tage an der Luft trocknen. Reibe ihn dann mit einem weichen Tuch und etwas Speiseöl ein.

3. Mische die Schmierseife mit dem Wasser. Forme eine Farbe Filzwolle zu einer 20 cm langen festen Rolle. Gib etwas Seifenlauge auf ihre Enden. Bewege die Rolle wie eine Knetwurst auf der Noppenfolie auf und ab, so verfilzen die Fasern. Achtung: Filze nur die beiden Enden der Rolle und lasse die Mitte ungefilzt. Wiederhole das mit drei weiteren Farben.

4. Schneide etwa 10 cm Paketschnur ab. Lege die gefilzten Würstchen mittig darauf und verknote die Schnur zu einer Schlaufe.

5. Biege die Enden der Filzwürste nach unten. Wickle nun die letzte Farbe Filzwolle fest um den ungefilzten Mittelteil der Filzwürste. Das wird der Kopf des Kraken. Gib etwas Seifenlauge darauf. Halte den Kraken in einer Hand und reibe vorsichtig mit der anderen Hand den Kopf. Pass auf, dass die Fasern sich nicht verschieben. Reibe den Kopf von allen Seiten. Wenn der Krakenkopf fester wird, kannst du stärker reiben. Befeuchte den Kraken zwischendurch immer wieder mit Seifenwasser.

6. Lässt sich die Wolle nicht mehr leicht vom Kopf ziehen, rolle den ganzen Kraken wie eine Kugel mit viel Druck in deinen Händen. Wenn die Arme fest mit dem Kopf verfilzt sind, spüle den Kraken in klarem Wasser gut aus und lasse ihn trocknen.

7. Binde ein Stück Paketschnur von ca. 50 cm an der Schlaufe des Kraken fest. Fädle das andere Ende durch das Loch im Ast und verknote es gut. Schon kannst du mit deiner Katze auf Krakenjagd gehen!

Und so funktioniert die Krakenangel:

Bewege die Angel langsam am Griff. Warte ab, bis deine Katze sich erst vorsichtig anpirscht und dann heranschnellt, um den Kraken zu fangen. Aber Achtung: Räume die Angel weg, wenn ihr nicht damit spielt. Sonst könnte sich deine Mieze an der Schnur verletzen.

Wenn du nicht schnitzen möchtest, lasse die Rinde am Ast oder kaufe ein Rundholz im Baumarkt.

Probier's aus!

Maus, pass auf!

Bestimmt ist dir aufgefallen, dass deine Katze manchmal so tut, als würde sie gar nicht mitbekommen, dass du den Kraken an der Angel vor ihr her ziehst. Im nächsten Moment schnellt sie aber nach vorne und greift ihr Spielzeug an. Aus diesem typischen Katzenverhalten kannst du ein lustiges Spiel mit deinen Freunden machen! Zieht mit Kreide einen großen Kreis auf dem Hof. Ein Spieler liegt mit geschlosse-nen Augen als schlafende Katze in der Mitte. Die anderen bewegen sich als Mäuse ganz leise um ihn herum. Die Katze darf erst auf Mäusejagd gehen, wenn ein Geräusch sie geweckt hat. Dann läuft sie los und alle Mäuse flüchten schnell hinter die Kreislinie, dort sind sie sicher. Wer gefan-gen wurde, setzt sich an den Rand und beobachtet die nächste Runde.

Duftender Katzenminzefisch

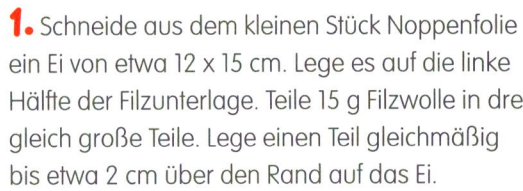

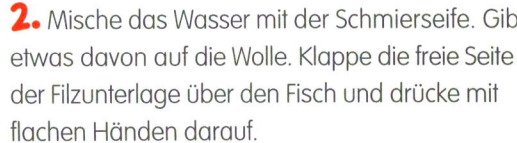

Du brauchst:

- 20 g Filzwolle im Vlies (etwa 15 g einer Farbe und 5 g bunte Reste für die Schuppen)
- 20 g getrocknete Katzenminze (aus der Zoohandlung, manchmal heißt sie Catnip)
- Wollreste zum Füllen, schwarzes Stickgarn
- Stück Noppenfolie als Schablone (ca. 12 x 15 cm)
- Stück Noppenfolie als Filzunterlage (ca. 40 x 50 cm)
- ½ Liter warmes Wasser
- 5 Esslöffel Schmierseife
- Nähgarn in passender Farbe zum Fisch
- Schere, Nähnadel, Sticknadel

1. Schneide aus dem kleinen Stück Noppenfolie ein Ei von etwa 12 x 15 cm. Lege es auf die linke Hälfte der Filzunterlage. Teile 15 g Filzwolle in drei gleich große Teile. Lege einen Teil gleichmäßig bis etwa 2 cm über den Rand auf das Ei.

2. Mische das Wasser mit der Schmierseife. Gib etwas davon auf die Wolle. Klappe die freie Seite der Filzunterlage über den Fisch und drücke mit flachen Händen darauf.

3. Drehe das Folienpaket um und öffne es. Falte die überstehende Wolle nach vorn. Bedecke die Oberseite des Eis gleichmäßig mit dem zweiten Teil Wolle. Gib wieder etwas Seifenlauge darauf, klappe die Folie um und drücke die Fasern fest. Wende das Paket, falte es auf und schlage die überstehende Wolle erneut nach vorn.

4. Teile den dritten Teil Wolle in drei längliche Stücke für die Flossen. Lege eins unter den Fisch. Falte die Wolle nach vorne und befeuchte sie mit Seifenlauge. Bedecke den Fisch mit Noppenfolie und drücke die Flosse gut an. Filze auf diese Weise auch die beiden anderen Flossen an.

5. Verteile nun kleine Stückchen bunte Wolle als Schuppen auf dem Fisch. Tropfe etwas Seifenlauge darauf und drücke sie mit der Folie an. Wende das Paket und verteile auch auf der anderen Seite bunte Wollschuppen. Befeuchte sie mit Seifenlauge, lege die Folie darauf und reibe weiter. Wende den Fisch immer wieder. Mit der Zeit kannst du fester reiben.

6. Wenn sich die Fasern nicht mehr zwischen zwei Fingern vom Fisch lösen lassen, schneidest du an der Unterseite einen etwa 5 cm langen Schlitz und holst die Folie heraus. Rolle den Fisch nun zwischen deinen Händen. Dabei wird er kleiner. Ist ein fester Filz entstanden, wäschst du ihn in klarem Wasser aus, ziehst ihn in Form und lässt ihn trocknen.

7. Fülle den Fisch mit Katzenminze und Wollresten. Nähe den Schlitz mit kleinen Stichen zu und sticke Augen aus Stickgarn auf. Befestige jeweils das Fadenende, indem du mit kleinen Stichen ein paar Mal hin- und hernähst, und schneide sie ab.

Falls deine Katze kein Interesse an Katzenminze hat, biete ihr Baldrianwurzel aus der Apotheke an. Es hat auf manche Katzen die gleiche Wirkung wie Katzenminze.

Probier's aus!

Katzenminze – einfach unwiderstehlich

Besonders ältere Katzen sind häufig scheu und misstrauisch, wenn sie etwas Neues geschenkt bekommen. Wenn deine Katze ihren Katzenminzefisch liebt, hast du eine tolle Möglichkeit, sie an neue Dinge zu gewöhnen. Reibe neues Spielzeug, das neue Kissen oder die neue Kuscheldecke mit etwas Katzenminze ein, bevor du sie deiner Katze mitbringst. Der geliebte Geruch von Katzenminze lässt sie ihre Scheu schnell überwinden.

Ernährung

Was frisst deine Katze gern?

Katzenfutter gibt es in vielen Sorten im Zoofachgeschäft oder im Supermarkt. Du kannst Nassfutter kaufen, das ist gekochtes Fleisch mit anderen gesunden Zutaten. Außerdem gibt es Trockenfutter aus Zutaten, die zerkleinert, getrocknet und in Stückchen gepresst werden. Was genau im Futter steckt, steht auf der Verpackung. Achte darauf, dass ein großer Anteil Fleisch, wenig Getreide und kein Zucker enthalten ist.

Katzenfutter gibt es in unterschiedlichen Geschmackssorten, zum Beispiel Fisch, Geflügel oder Rind. Nicht jeder Katze schmeckt alles gleich gut. Zur Abwechslung freut sich dein Liebling außerdem über etwas frisches rohes Rindfleisch, rohe Hühnerleber oder über einen Löffel Quark oder Joghurt. Eine Ernährung, die nur aus Fleisch besteht, ist nämlich nicht gesund. Finde heraus, was deine Katze am liebsten mag!

Was darf sie nicht fressen und trinken?

Dass Katzen Milch schlabbern sollen, ist eine weitverbreitete Meinung – aber leider völlig falsch! Die meisten Katzen bekommen von Milch und Sahne schlimmen Durchfall. Außerdem solltest du deiner Katze kein rohes Schweinefleisch in den Napf geben, denn damit kann eine für Katzen tödliche Krankheit übertragen werden. Futter voller Knochen und Gräten gehört auch nicht auf den Speiseplan – diese können zu Verletzungen in Mund und Speiseröhre führen. Vielleicht würdest du gern dein Lieblingsessen mit deiner Mieze teilen, aber das ist leider keine gute Idee. In unserem Essen ist für Katzen meistens zu viel Salz und Zucker.

Achte darauf, dass deine Katze keine giftigen Zimmerpflanzen anfressen kann. Am besten fragst du den Tierarzt, welche Pflanzen ungiftig sind, und entfernst alles andere. So bist du immer auf der sicheren Seite.

Richtig füttern – So geht's:

- Füttere deine Mieze zweimal am Tag zu festen Zeiten, am besten morgens vor der Schule und abends zur Abendbrotzeit.
- Achte darauf, dass du deiner Katze nicht zu viel gibst. Wie viel Futter deine Katze in etwa benötigt, steht auf der Verpackung. Der Tierarzt kann dir genau sagen, wie viel deine Katze fressen sollte.
- Füttere Nassfutter nie ganz kalt, damit dein Stubentiger keine Bauchschmerzen bekommt. Lasse die Portion aus dem Kühlschrank erst auf Zimmertemperatur erwärmen.

- Spüle die Näpfe nach jeder Mahlzeit gut aus.
- Lasse deine Katze in Ruhe fressen und störe sie nicht.
- Dein Liebling braucht immer frisches Wasser.
- Junge Katzen bekommen spezielles Katzenfutter, damit sie gesund bleiben und gut wachsen.

Bunter Fressnapf aus Ton

Fressnäpfe aus Kunststoff, Keramik oder Metall gibt es im Zoofachgeschäft in unterschiedlichen Größen. Viel schöner als ein gekaufter ist ein selbst getöpferter Napf mit bunter Glasur.

Du brauchst:

- Aufbauton
- flüssige Glasur in zwei Farbtönen
- Tonschlinge
- Sperrholzbrett als Unterlage (etwa 30 x 40 cm)
- Marmeladenglas
- Nudelholz aus Holz
- Pappscheibe (Durchmesser 15 cm)
- Küchenmesser
- Gabel
- Modellierhölzer
- Schale mit Wasser
- Rest Pappe
- Bleistift und Schere
- Pinsel

1. Schneide mit der Tonschlinge eine etwa 5 cm dicke Scheibe Ton vom Tonblock ab. Wirf ihn mehrmals auf die Holzunterlage, so werden kleine Luftbläschen herausgeschlagen.

2. Stelle Schlicker her: Das ist ein Tonbrei, mit dem man Tonteile aneinanderklebt. Zerkrümele dazu etwas Ton und mische ihn mit wenig Wasser im Marmeladenglas zu einem geschmeidigen Brei.

3. Rolle den Ton mit dem Nudelholz etwa 5 mm dick aus. Lege die Pappscheibe darauf und schneide den Kreis mit dem Messer aus. Entferne den Rand.

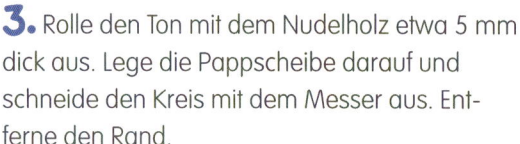

4. Rolle mehrere etwa 1 cm dicke Tonwürste. Ritze ihre Unterseite und den Rand der Tonscheibe mit der Gabel ein. Bestreiche den Rand der Tonscheibe mit etwas Schlicker, lege eine Tonwurst darauf und drücke sie leicht an. Klebe nun das Ende der nächsten Wurst mit etwas Schlicker an. So baust du mehrere Reihen Tonwürste übereinander, bis der Rand der Schale etwa 5 cm hoch ist. Wenn deine Hände dabei trocken werden, feuchte sie mit etwas Wasser an.

5. Verstreiche die Rillen mit einem Modellierholz oder deinem Finger, bis der Rand glatt ist.

6. Zeichne einen etwa 3 x 3 cm großen Katzenkopf auf den Rest Pappe und schneide ihn aus. Rolle etwas Ton aus, lege die Schablone darauf und schneide mit dem Messer sechs Köpfe aus. Ritze die Rückseiten mit der Gabel ein. Ritze auch die Stellen an der Schale ein, wo die Köpfe befestigt werden. Bestreiche sie mit Schlicker, drücke die Köpfe in der Mitte an und streiche den überschüssigen Schlicker nach außen heraus. So entfernst du auch Luftblasen zwischen den Tonschichten, die den Ton im Ofen platzen lassen könnten.

7. Lasse die Schale zwei Wochen trocknen und gib sie dann zum Brennen. Trage danach die Glasuren mit einem Pinsel in zwei bis drei Schichten auf. Jetzt muss die Schale erneut gebrannt werden. Bald kann deine Katze aus dem Fressnapf futtern.

Schon gewusst?

Ein Geschenk für dich

Freigänger legen ihren Besitzern ab und zu ein Geschenk vor die Haustür – eine tote Maus oder einen toten Vogel. Damit will dir deine Katze keinen Schrecken einjagen oder dich ärgern. Ein totes Beutetier ist ein besonderes Geschenk an dich. Es ist ein Zeichen, dass dich deine Katze sehr gerne hat und ihre Beute mit dir teilt. Damit bedankt sie sich auch, dass du ihr stets Futter in den Napf füllst. Entferne das Tier am besten, wenn deine Katze dich dabei nicht beobachten kann – sonst ist sie vielleicht beleidigt!

Ton muss in speziellen, sehr heißen Öfen gebrannt werden. Frage in einer Töpferei, Schule, Familienbildungsstätte oder im Laden, wo du den Ton kaufst, ob dein Werk dort gebrannt werden kann.

Selbst gebackene Kullerhäppchen

Diese selbst gebackenen Kugeln sind nicht nur eine besondere Leckerei – ihre runde Form macht sie auch zu einer spannenden Jagdbeute. Rolle deiner Katze hin und wieder ein Kullerhäppchen zu, sie wird große Freude daran haben, es zu erjagen.

Du brauchst:

- 100 g Nassfutter (Lieblingssorte deiner Katze)
- 1 Ei
- 50 g Quark
- 180 g Dinkelvollkornmehl
- Gabel
- Rührschüssel
- etwas Mehl zum Ausrollen
- Küchenmesser
- Backpapier
- Backblech
- Ofenhandschuhe oder Topflappen

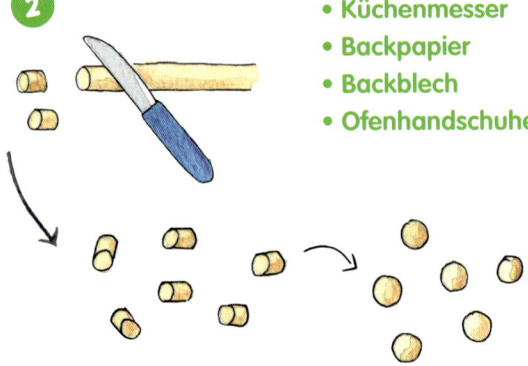

1. Heize den Backofen auf 175 °C vor. Zerdrücke das Futter mit einer Gabel und mische es in einer Schüssel mit dem Ei und dem Quark. Gib das Mehl hinzu und knete die Zutaten zu einem formbaren Teig.

2. Gib etwas Mehl auf die Arbeitsfläche und rolle den Teig zu etwa 1 cm dicken Würsten. Schneide die Würste in 1 cm große Stückchen und rolle diese mit den Händen zu kleinen Kugeln. Lege die Kugeln auf ein mit Backpapier ausgelegtes Backblech.

3. Schiebe die Kullerhäppchen in den vorgeheizten Backofen. Vorsicht! Benutze immer Topflappen oder Ofenhandschuhe, damit du dich nicht verbrennst. Backe die Kullerhäppchen etwa 30 Minuten. Schalte den Backofen aus und lasse das Blech im Ofen kalt werden.

Deine Katze liebt Fisch? Ersetze die Hälfte des Nassfutters durch 50 g Thunfisch. Zwei Esslöffel geriebener Käse im Teig sind genau das Richtige für Käsefans. Du kannst die Leckerlis in einer Dose für etwa zwei Wochen aufbewahren. Dafür müssen sie gut durchgetrocknet sein. Noch besser halten sie sich, wenn du etwas trockenen Reis mit in die Dose gibst. Verfüttere die Leckerli trotzdem nur, wenn sie noch frisch riechen.

Schon gewusst?

Die macht, was sie will

Dein Stubentiger mag deine selbst gebackenen Leckerli absolut nicht anrühren? Das ist gar nicht so ungewöhnlich. Katzen gelten als sehr eigensinnig. Futter, das sie nicht mögen, lassen sie einfach stehen. Ungewöhnliche Ereignisse wie eine andere Fütterungszeit, spätes Nachhausekommen der Menschen oder ein Urlaub können deine Katze verstören. Bringe möglichst schnell alles in die gewohnte Ordnung, damit sich deine Katze wieder wohlfühlen kann. Beobachte, was deiner Katze gefällt und was nicht, beachte ihre Bedürfnisse und Wünsche – und ihr werdet die besten Freunde!

Karlchens Kräutergarten

Ein kleiner Kasten mit speziellen Pflanzen bringt Abwechslung in das Leben deines Haustigers. Über verschiedene Gräser zum Fressen und ein paar Duftpflanzen freut er sich bestimmt.

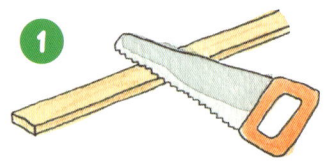

Du brauchst:

- **Obstkiste aus Holz**
- **2–3 Holzleisten (3 x 0,5 cm, 2,5 m lang)**
- **Stück wasserdichte Folie (z. B. Rest Teichfolie, etwa doppelt so groß wie die Kiste)**
- **doppelseitiges Klebeband**
- **Gewebeklebeband**
- **Erde und Pflanzen**
- **Maßband**
- **Feinsäge oder Fuchsschwanz**
- **Schleifpapier**
- **Holzleim**
- **dickes Buch**
- **Acryllack und Pinsel**
- **Gießkanne mit Wasser**

1. Miss die Höhe der Obstkiste aus. Säge etwa 20 Abschnitte in dieser Länge aus den Holzleisten. Wie viele Abschnitte du genau brauchst, hängt von der Größe deiner Obstkiste ab. Schleife die Sägekanten mit dem Schleifpapier glatt.

2. Leime die Abschnitte Seite für Seite wie einen Zaun an die Obstkiste. Beschwere die angeleimten Teile mit einem Buch, dann halten sie besser.

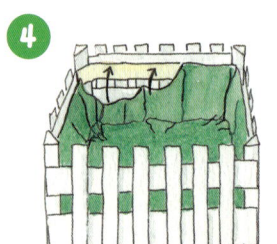

3. Male die Kiste von allen Seiten mit Acryllack an und lasse sie einen Tag lang trocknen.

4. Bringe im Inneren der Kiste ein paar Zentimeter unter dem Rand doppelseitiges Klebeband an. Lege die wasserdichte Folie auf den Boden der Kiste und streiche sie bis in die Ecken und an den Seiten hoch. Klebe sie am doppelseitigen Klebeband fest, indem du nach und nach die Schutzfolie abziehst.

5. Schneide die überstehende Folie ab und klebe Gewebeklebeband über den Rand.

6. Fülle die Kiste etwa bis zur Hälfte mit Erde. Setze die Pflanzen ein und fülle die Zwischenräume mit Erde auf. Gieße die Pflanzen mit etwas Wasser an. Stelle den kleinen Garten auf den Boden im Haus, auf den gesicherten Balkon oder auf die Terrasse. Wenn du Lust hast, kannst du aus einem Stück Karton und einem Ast ein Schild basteln und beschriften – dann weiß jeder, wem der spannende Kräutergarten gehört.

> **Geeignete Pflanzen sind Katzengras, Weizengras, Zwergzyperngras, Baldrian, Katzengamander und alle Katzenminzesorten. Denke daran, dass du scharfkantige Grashalme regelmäßig herauszupfst.**

Karlchens Kräutergarten

Probier's aus!

Katzengras selbst ziehen

Gras ist ein wichtiger Bestandteil für die gesunde Ernährung deiner Katze. Beim Putzen verschluckt sie viele lose Haare, die sie nicht verdauen kann. Um die Haare auswürgen zu können, frisst sie ab und zu Gras. Freigänger machen das draußen auf der Wiese. Deinem Stubentiger solltest du regelmäßig eine Schale Gras anbieten. Katzengras kannst du in der Zoohandlung kaufen – oder es selbst anpflanzen!

Dafür brauchst du Weizenkörner, eine flache Schale, Erde und Wasser. Fülle die Schale mit Erde, streue die Weizenkörner darauf, gieße sie und halte sie immer etwas feucht. Bald schon sprießen die ersten Halme. Nach drei bis vier Wochen kannst du das Gras in den Kräutergarten pflanzen.

Leckerlirolle

Deine Katze muss diese mit Trockenfutter oder Leckerli gefüllte Rolle erst bewegen, damit ihr Futter herauskullert und sie es fressen kann.

Du brauchst:

- leere Toilettenpapierrolle
- Stück Karton (ca. 10 x 10 cm)
- Kreppklebeband
- Zeitungspapier
- Bleistift
- spitze Schere
- 1 gehäuften Teelöffel Tapetenkleisterpulver
- ½ Liter Wasser
- Acrylfarbe und Pinsel
- Trockenfutter oder kleine Leckerli

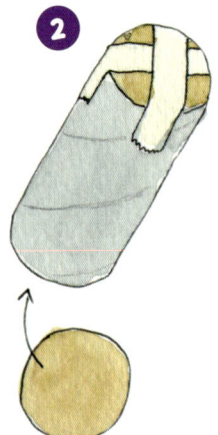

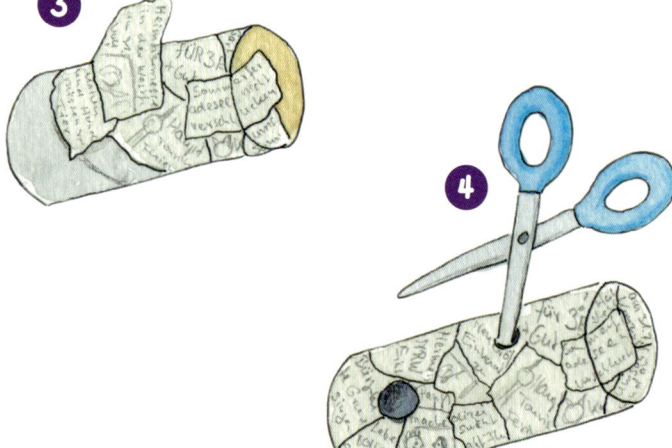

1. Zeichne zwei Kreise mit dem Durchmesser der Toilettenpapierrolle auf den Karton. Nutze dafür die Rolle als Schablone. Schneide beide Kreise aus.

2. Klebe die Kreise mit Kreppklebeband als Deckel auf die Enden der Rolle.

3. Mische das Kleisterpulver mit dem Wasser. Reiße das Zeitungspapier in Streifen und klebe diese mit Tapetenkleister in zwei bis drei Schichten um die Rolle. Lasse alles gut trocknen.

4. Schneide mit der Schere vorsichtig ein paar Löcher in die Rolle. Sie müssen so groß sein, dass die Futterstückchen gut hindurchpassen.

5. Bemale die Rolle in deinen Lieblingsfarben und lasse die Farbe gut trocknen.

Und so funktioniert die Leckerlirolle:

Gib etwas Trockenfutter oder Leckerli in die Rolle. Raschle mit der Rolle und rufe deine Katze. Lasse sie an der Rolle schnuppern. Bestimmt versucht dein Liebling bald, an die Leckereien zu gelangen, indem er die Rolle mit der Nase anstupst oder die Pfoten zu Hilfe nimmt.

Schon gewusst?

Ganz Schön Schlau

Katzen sind richtig schlaue Tiere. Wohnungskatzen beobachten ihre Menschen genau und gucken sich einiges von ihnen ab. Viele Katzen lernen zum Beispiel, Türen zu öffnen. Sie sehen, dass der Mensch die Türklinke herunterdrückt, um die Tür zu öffnen. Durch Hochspringen an die Klinke lernen sie dann schnell, dass geschlossene Türen für sie kein Hindernis sind. Experten haben sogar herausgefunden, dass Katzen bis vier zählen können!

Wenn du deiner Mieze die Leckerlirolle das erste Mal gibst, beobachte sie genau. Sie wird unterschiedliche Techniken ausprobieren, bevor sie die perfekte Möglichkeit gefunden hat, so schnell wie möglich an die Knabbereien zu kommen. Danach wird sie sich an die beste Technik erinnern und sie immer wieder anwenden können.

Actionbrett für Schlaue Tatzen

Draußen in der Natur müssen die Katzen überlegen, wie sie ihre Beute erwischen. Auch dein Haustiger wird zufriedener sein, wenn er sich sein Fressen erst erarbeiten muss.

Du brauchst:

- 2 Sperrholzbretter (ca. 50 x 30 cm, 1 cm dick)
- 2 Rundstäbe (Durchmesser 8 mm)
- 28 Papprollen von Toilettenpapier
- Stück Karton (ca. 10 x 30 cm)
- Obstschale aus Pappe
  (oder Unterteil vom Eierkarton)
- 4 Joghurtbecher
- 4 kurze Schrauben mit großem Kopf
- Maßband und Bleistift
- Akkubohrer oder Handbohrmaschine
  mit 8-mm-Bohrer
- Schleifpapier
- Leim
- Bücher zum Beschweren
- Acrylfarben und Pinsel
- Fuchsschwanz
- Hammer
- doppelseitiges Klebeband
- speichelfester Klarlack zum Sprühen
  (für Spielzeug geeignet)
- Mundschutz
- Vorstecher und Schraubendreher

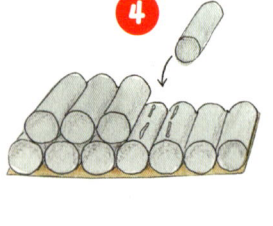

1. Teile ein Brett in vier Streifen auf. Markiere dazu etwa 10 cm für die Papprollenpyramide, jeweils 16 cm für das Igelbrett und die Futterwanne und 8 cm für die Angelbecher. Markiere im Igelbrett-Streifen 20 Punkte mit jeweils mindestens 2 cm Abstand. Bohre an den Markierungen Löcher und schleife sie glatt.

2. Leime das Brett mit den Löchern auf das zweite Brett. Lege schwere Bücher darauf und lasse den Leim einige Stunden trocknen. Bemale das Brett in deinen Lieblingsfarben.

3. Fertige nun das Igelbrett: Säge aus den Rundstäben 20 Stücke von 6 cm und schleife die Enden glatt. Bemale die Stäbe mit Acrylfarbe und lasse sie trocknen. Gib Leim in die Bohrlöcher und schlage die Stäbe mit dem Hammer hinein.

4. Als Nächstes kommt die Papprollenpyramide: Leime dafür sieben Klorollen dicht nebeneinander auf das Kartonstück. Klebe die übrigen Rollen in Reihen aufeinander, sodass eine stabile Pyramide entsteht. Bemale sie mit Acrylfarbe und klebe sie mit doppelseitigem Klebeband auf das Brett.

5. Für die Futterwanne bemalst du die Obstschale mit Acrylfarbe und klebst sie mit doppelseitigem Klebeband auf das Brett.

6. Sprühe das ganze Actionbrett mit Lack ein. Tu das am besten draußen und setze zur Sicherheit den Mundschutz auf. Lasse den Lack einen Tag trocknen, bevor du die Angelbecher anbringst.

7. Pikse dafür mit dem Vorstecher Löcher in die Mitte der Joghurtbecherböden und an die Stellen im Brett, wo die Becher angebracht werden sollen. Schraube die Becher mit den Schrauben und einem Schraubendreher fest.

Probier's aus!

Action gegen Langeweile

Mit einfachen Materialien aus Haus und Garten kannst du deiner Wohnungskatze eine spannende Aufgabe am Action-brett bieten. Lege Leckerli in die Pyramide und verschließe einige Röhren mit zerknülltem Papier. Verteile Futter auf dem Igelbrett und in den Bechern, das deine Katze mit den Pfoten herausangeln muss. In der Obstschachtel versteckst du das Futter unter Kastanien oder Tischtennisbällen. Fallen dir noch mehr Stationen ein? Klebe zum Beispiel ein Labyrinth aus Korken auf. Auch hochkant stehende Toiletten-papierrollen sind eine Herausforderung für deine Mieze.

Waagerecht aufgeklebte Papprollen vom Küchenpapier – mit größeren Löchern an der Oberseite – laden zu wilden Pfotenspielchen ein.

Impressum

Coverfoto: Getty Images: Sharon Dominick
Text, Fotos und Illustration: Katharina Rotter
Lektorat: Anne Scheller
Layout: GrafikwerkFreiburg
Redaktion: Susanne Weisser
Repro: Meyle + Müller, Pforzheim
Druck: Himmer AG, Augsburg

ISBN 978-3-8411-0133-4
Art.-Nr. VB110133

www.christophorus-verlag.de

Danke

Ein großes Dankeschön geht an Lisa Marie, Katharina, Marie und Familie Swietlik. Mit euch sind tolle Fotos entstanden! Den ehrenamtlichen Helfern der Tierfreunde Münster Tierschutzverein e.V. danke ich für die hilfreichen Tipps und die tierischen Models.

Außerdem danke ich Eva Uitz Stofflädchen „Kleiner Stern" für die wunderschönen Stoffe und der Firma Eckstein Kreativ für die großzügige Materialspende.